essentials

Springer Essentials sind innovative Bücher, die das Wissen von Springer DE in kompaktester Form anhand kleiner, komprimierter Wissensbausteine zur Darstellung bringen. Damit sind sie besonders für die Nutzung auf modernen Tablet-PCs und eBook-Readern geeignet. In der Reihe erscheinen sowohl Originalarbeiten wie auch aktualisierte und hinsichtlich der Textmenge genauestens konzentrierte Bearbeitungen von Texten, die in maßgeblichen, allerdings auch wesentlich umfangreicheren Werken des Springer Verlags an anderer Stelle erscheinen. Die Leser bekommen „self-contained knowledge" in destillierter Form: Die Essenz dessen, worauf es als „State-of-the-Art" in der Praxis und/oder aktueller Fachdiskussion ankommt.

Jan Waßmann

Grundlagen der CSR aus der Perspektive des Marketings

Historische Entwicklung und Begriffsklärung

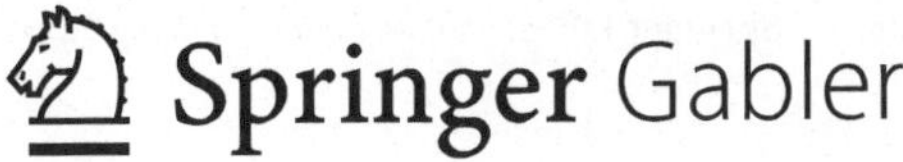

Jan Waßmann
Marketing-Consultant
Nürnberg
Deutschland

ISSN 2197-6708
ISBN 978-3-658-04405-3
DOI 10.1007/978-3-658-04406-0
ISSN 2197-6716 (electronic)
ISBN 978-3-658-04406-0 (eBook)

Die Deutsche Nationalbibliothek verzeichnet diese Publikation in der Deutschen Nationalbibliografie; detaillierte bibliografische Daten sind im Internet über http://dnb.d-nb.de abrufbar.

Springer Gabler

Gedruckt auf säurefreiem und chlorfrei gebleichtem Papier

Springer Gabler ist eine Marke von Springer DE. Springer DE ist Teil der Fachverlagsgruppe Springer Science+Business Media
www.springer-gabler.de

Vorwort

Der vorliegende Beitrag basiert auf Auszügen aus dem Werk „Corporate Social Responsibility und Konsumentenverhalten – Theoretische Ansätze und empirische Befunde“ des gleichnamigen Autors, erschienen bei Springer Gabler 2013.

Durch seinen umfassenden Literaturüberblick – dargestellt in komprimierter Form – richtet sich der Beitrag als Einstiegsliteratur insbesondere an Dozenten und Studenten aus dem Bereich Betriebswirtschaftslehre sowie an Praktiker, die sich im Rahmen ihrer Unternehmensführung in der heutigen Zeit verstärkt mit dem Thema auseinandersetzen müssen, um den gestiegenen gesellschaftlichen Ansprüchen an das Unternehmen gerecht zu werden.

Für eine eingehendere Auseinandersetzung mit der Thematik wird dem geneigten Leser die Lektüre des Gesamtwerks empfohlen. Hierin werden u. a. empirische Beweise für die im Beitrag aufgezeigten Zusammenhänge erbracht, anschließend diskutiert und in Form von konkreten Handlungsempfehlungen für die Managementpraxis zugänglich gemacht.

Inhaltsverzeichnis

1 Einleitung

„Organizations endure, [...] in proportion to the breath of the morality by which they are governed." (Barnard 1968, S. 282)

Das Thema Corporate Social Responsibility (CSR) hat in den vergangenen Jahren in vielen Branchen zumindest in der Außendarstellung der Unternehmen an Bedeutung gewonnen. Nachhaltige Investoren und andere Anspruchsgruppen wie Kunden, Mitarbeiter und Nichtregierungsorganisationen fordern von den Unternehmen mit zunehmendem Nachdruck Beiträge zur nachhaltigen Entwicklung der Gesellschaft zu leisten. Vor diesem Hintergrund müssen sich Unternehmen immer stärker gegenüber diesen Anspruchsgruppen bezüglich sozialer und ökologischer Konsequenzen ihrer wirtschaftlichen Aktivitäten verantworten (vgl. Macharzina und Wolf 2005, S. 775). Viele stellen sich dieser Verantwortung freiwillig, da sie im Sinne des Zitats von Barnard ein solches Verhalten für richtig erachten, um im Wettbewerb langfristig zu bestehen. Andere werden hingegen nur durch die Anschuldigungen Dritter kurzfristig gesellschaftlich tätig oder wenn aus dem Engagement ein unmittelbarer finanzieller Vorteil resultiert. In diesem Sinne wird die CSR in vielen Teilen der Praxis mittlerweile als Business Case gesehen, genauer als Erfolgsfaktor, der die Wettbewerbsfähigkeit von Unternehmen stärkt und dem für die Zukunft eine steigende Relevanz beigemessen wird (vgl. Hansen und Schrader 2005, S. 374). Dennoch führt ein unzureichendes Verständnis des CSR-Begriffs häufig zu Problemen bei der praktischen Umsetzung dieses Managementkonzeptes. Der inflationäre Gebrauch des Begriffes in der Politik- und Management-Praxis führte in den letzten Jahrzehnten zu einem kontroversen Diskurs über die exakte inhaltliche Bestimmung des Terminus. So wird immer noch diskutiert, welche Dimensionen und Arten gesellschaftlicher Verantwortung unter diesem Begriff zu subsumieren sind (vgl. McWilliams et al. 2006, S. 8; Vaaland et al. 2008, S. 930). Trotz seiner Popularität handelt es sich bei der CSR daher bislang um ein äußerst vage abgegrenztes Konzept der Betriebswirtschaftslehre. Vermeintliche Synonyme und eine Vielzahl verwandter Ansätze wie etwa Corporate Citizenship, Nachhaltigkeit, Business Ethics, Triple-Bottom-Line oder Corporate Philantropy

J. Waßmann, *Grundlagen der CSR aus der Perspektive des Marketings*, essentials,
DOI 10.1007/978-3-658-04406-0_1,

tragen zu einer weiteren Verwirrung bezüglich des wahren Charakters der CSR bei (vgl. Pedersen 2006, S. 139).

Um diesem Umstand zu begegnen, befasst sich der folgende Beitrag zunächst mit einer historischen Betrachtung des Begriffes, in der zugleich die oben aufgezählten Begriffe vom Oberbegriff CSR abgegrenzt und kurz erläutert werden. Im Anschluss wird das gegenwärtige CSR-Verständnis beschrieben, welches im aktuellen Diskurs eine breite Zustimmung findet. Im weiteren Verlauf erfolgt eine Systematisierung unterschiedlicher Formen von CSR, die in der Praxis zu beobachten sind. Zuletzt diskutiert der Beitrag die Relevanz des CSR-Ansatzes für die heutige Unternehmensführung. Hierbei liegt der Fokus auf einer wettbewerbsstrategischen Sichtweise der CSR zur langfristigen Erzielung von Wettbewerbsvorteilen.

Abgrenzung des CSR-Begriffs 2

2.1 Historische Begriffsentwicklung

Die Anfänge des heutigen CSR-Verständnisses entwickeln sich bereits in den 30er Jahren. In seinem für die heutige Managementlehre fundamentalen Werk „The Functions of the Executive" beschreibt Barnard 1938 erstmals die Übernahme von Verantwortung in sozialen Systemen als eine zentrale Aufgabe des Managers (vgl. Barnard 1968, S. 258–284). Ab der Mitte des 20. Jahrhunderts beginnt die wissenschaftliche Auseinandersetzung mit dem CSR-Begriff. In den USA entsteht dabei der bis heute größte Teil der wissenschaftlichen Literatur über CSR. Diese Tatsache ist darauf zurückzuführen, dass sich für die Wohlfahrt der USA die Notwendigkeit eines CSR-Konzeptes aufgrund mangelnder sozialstaatlicher Sicherungssysteme früher ergab als in Europa (vgl. Backhaus-Maul 2008, S. 485 f.).

Wie Barnard sehen die frühen Publikationen den Manager persönlich in der Verantwortung und verwenden zunächst den Begriff *Social Responsibility*. So legt Bowen 1953 mit seinem Buch „Social Responsibilities of the Businessman" den Grundstein für das moderne CSR-Verständnis von Unternehmen (vgl. Bowen 1953). In seinen Ausführungen macht er deutlich, dass Manager großer Unternehmen und Konzerne aufgrund ihrer Machtkonzentration innerhalb von Gesellschaftsstrukturen nicht nur die ökonomische, sondern auch die soziale Verantwortung für ihre Entscheidungen übernehmen müssen. Ebenso folgert Drucker zu dieser Zeit bereits in seinem Werk „The Practice of Management", dass Manager mit ihren Entscheidungen einen erheblichen Einfluss auf die Gesellschaft ausüben und daher neben der unternehmerischen ebenso eine soziale Verantwortung besitzen. (vgl. Drucker 1954, S. 382)

In den 60er Jahren entstehen weitere Konzeptionalisierungen der gesellschaftlichen Verantwortung in der Ökonomie. Davis konkretisiert 1960 diese Verantwortung in einem immer noch personenbezogenen Management-Kontext

J. Waßmann, *Grundlagen der CSR aus der Perspektive des Marketings*, essentials, DOI 10.1007/978-3-658-04406-0_2, © Springer Fachmedien Wiesbaden 2014

als „businessmen's decisions and actions taken for reasons at least partially beyond the firm's direct economic or technical interest" (Davis 1960, S. 70). McGuire nähert sich 1963 dem heutigen CSR-Begriff weiter an, indem er feststellt: „The idea of social responsibilities supposes that the corporation has not only economic and legal obligations but also certain responsibilities to society which extend beyond these obligations" (McGuire 1963, S. 144). Damit weitet er erstmals das Verständnis von CSR über rechtliche und gesellschaftliche Mindestanforderungen hinaus aus. Des Weiteren verlagert McGuire mit seiner Definition den Fokus der Verantwortung erstmals von der personenbezogenen Managerperspektive hin zur Unternehmung bzw. zur gesamten Organisation (vgl. Carroll 1999, S. 272). 1967 erscheint das erste Buch mit dem expliziten Titel „Corporate Social Responsibilities", worin Walton definiert: „In short, the new concept of social responsibility recognizes the intimacy of the relationships between the corporation and society and realizes that such relationships must be kept in mind by top managers as the corporation and the related groups pursue their respective goals" (Walton 1967, S. 18). Die Definition beinhaltet, dass Unternehmen ihrer gesellschaftlichen Verantwortung freiwillig nachkommen sollen (vgl. Carroll 1999, S. 272 f.).

Ab den 70er Jahren entsteht innerhalb der wissenschaftlichen Community eine Vielfalt an unterschiedlichen Konzeptionen von CSR (vgl. Johnson 1971; Ackermann 1973; Eilbert und Parket 1973; Sethi 1975 sowie Fitch 1976). Daneben gibt es aber auch fundamentale Kritik am CSR-Konzept. So betitelt der Ökonom Friedman seinen Artikel über die gesellschaftliche Verantwortung von Unternehmen provokativ: „The Social Responsibility of Business is to Increase its Profits!" (Friedman 1970, S. 122). Nach seiner Auffassung agieren Manager ausschließlich als Arbeitnehmer im Auftrag der Anteilseigner der Unternehmen (Shareholder). Sie besitzen lediglich für die ihnen aufgetragenen Unternehmensaufgaben Verantwortung, während die Shareholder als eigentliche Unternehmer die gesellschaftliche Verantwortung innehaben. Manager bzw. Unternehmen haben daher lediglich eine ökonomische Verantwortung inne[1]. Daher lehnt er den CSR-Begriff ab. Friedmann übersieht dabei jedoch, dass mit der Übernahme von gesellschaftlicher Verantwortung verschiedene Gruppen und Institutionen tangiert werden, die wiederum einen wichtigen Einfluss auf den ökonomischen Unternehmenserfolg haben (vgl. Lantos 2001, S. 604). Die von Friedmann theoretisch geforderte klare Trennung zwischen sozialen und ökonomischen Zielen der Unternehmung ist daher in der Praxis nicht haltbar. Jede ökonomische Entscheidung des Unternehmens ist in der Regel unmittelbar mit sozialen Konsequenzen in seiner Umwelt verbunden, et vice versa. Aus Unternehmenssicht vermischen sich auf diese Weise soziale und ökonomische Verantwortung zwangsläufig (vgl. Pedersen 2006, S. 138).

[1] Zur Kritik am CSR-Ansatz siehe auch Levitt 1958, S. 49 sowie Carr 1968, S. 149.

Wichtige Befürworter des CSR-Konzeptes sind in dieser Zeit Eilbert und Parket, die weniger der damaligen verbalen Begriffsdiskussion folgen, sondern vielmehr der Frage nachgehen, inwieweit sich eine CSR in der Praxis äußert (vgl. Eilbert und Parket 1973, S. 6).

In ihren ersten empirischen Forschungen identifizieren sie organisationale Variablen, die durch die CSR beeinflusst werden und entwickeln eine Konzeption für Unternehmen auf der Annahme, dass sich die praktische Umsetzung in einzelnen Unternehmensaktivitäten (*CSR-Aktivitäten*[2]) wie etwa der Schutz der Umwelt oder die Vermeidung von Diskriminierung im Unternehmen widerspiegelt (vgl. Eilbert und Parket 1973, S. 7). Parallel dazu entwickelt sich der Begriff der *Corporate Social Performance* (*CSP*) (vgl. Loew et al. 2004, S. 22). Im Vergleich zum übergeordneten CSR-Ansatz versucht der CSP-Ansatz die Verantwortungsleistung eines Unternehmens anhand bestimmter Kriterien messbar und damit vergleichbar zu machen (vgl. Münstermann 2007, S. 14; Kirstein 2009, S. 49). Für die Messbarkeit unterteilt Sethi die CSR in drei Stufen (vgl. hier und im Folgenden Sethi 1975). Die erste Stufe, die „social obligation", bezeichnet soziale Verhaltensweisen des Unternehmens, die lediglich auf die ökonomischen Kräfte des Marktes und rechtliche Vorgaben zurückzuführen sind. Die zweite Stufe „social responsibility" beschreibt Verhaltensweisen des Unternehmens, die über die erste Stufe hinaus versuchen soziale Erwartungen, Werte und Normen in Einklang mit der eigenen Unternehmensleistung (Performance) zu bringen. In die dritte Stufe „social responsiveness" ordnet er Verhaltensweisen ein, die langfristige negative externe Effekte[3] der eigenen Unternehmenstätigkeit auf die Umwelt frühzeitig antizipieren und damit für eine Kongruenz von Unternehmenstätigkeit und sozialen Erwartungen sorgen. Bereits anhand dieser Systematisierung wird das heutige, weite Spektrum von unterschiedlichen CSR-Konzepten im Spannungsfeld von kurzfristiger und langfristiger Perspektive sowie reaktiven und proaktiven Verhaltensweisen erkennbar. Eine für den weiteren Diskurs wichtige CSR-Definition in dieser Zeit entwickelt Carroll: „The social responsibility of business encompasses the economic, legal, ethical, and discretionary expectations that society has of organizations at a given point in time" (Carroll 1979, S. 500). Wird die CSR bislang stets als Gegenpol zu einem ausschließlich profitorientierten Managementansatz gesehen, bemüht sich diese Definition um eine Integration der beiden Sichtweisen. Durch die Aufnah-

[2] Als CSR-Aktivität wird die Einbindung sozial-ökologischer Charakteristika in Produkte, Unternehmensprozesse und Stakeholder-Beziehungen verstanden. vgl. McWilliams et al. 2006, S. 1.

[3] Bei negativen externen Effekten sind die insgesamt entstehenden sozialen Kosten höher als die privaten Kosten für das Unternehmen. vgl. Picot et al. 2005, S. 48.

me der ökonomischen Komponente als gleichbedeutenden Bestandteil von CSR trifft Carroll die Prämisse, dass die Gesellschaft neben der Einhaltung rechtlicher Vorgaben und ethischer Normen auch ein Gewinnstreben der Unternehmen erwartet. Demnach leistet die ökonomische Zuverlässigkeit von Unternehmen einen entscheidenden Beitrag zur Stabilität einer Gesellschaft (vgl. Carroll 1999, S. 284).

In den 80er Jahren entwickelt Drucker ein ähnliches CSR-Verständnis. Nach seiner Auffassung sind Unternehmen am ehesten bestrebt ihrer gesellschaftlichen Verantwortung nachzukommen, wenn für sie darin ein zusätzlicher Gewinnanreiz besteht (vgl. Drucker 1984, S. 59). Im Gegensatz zum damaligen vorherrschenden CSR-Verständnis geht er wie zuvor Carroll davon aus, dass die Gewinnerzielungsabsicht von Unternehmen mit der Übernahme gesellschaftlicher Verantwortung kompatibel ist (vgl. Drucker 1984, S. 59). Auf diese Weise sieht er im Gewinnstreben eine effiziente Möglichkeit zur Lösung gesellschaftlicher Probleme. Verglichen mit Carroll's Definition hebt Drucker damit die ökonomische Komponente auf eine übergeordnete Stufe. Für ihn stellt der Gewinnanreiz eine notwendige Bedingung dar, damit Unternehmen sich gesellschaftlich verantwortlich verhalten und einen Beitrag zur sozialen Wohlfahrt leisten (vgl. Drucker (1984), S. 64). Auf dieser Basis entwickelt sich der CSR-Ansatz sukzessive von seinem normativen Anspruch zu einem Konzept der aktiven Einflussnahme des Unternehmens auf die Umwelt. Diese Sichtweise wird auch als *Corporate Social Responsiveness* (*CSR_2*) bezeichnet (vgl. Frederick 1978). Frederick definiert CSR_2 als: „[...] the capacity of a corporation to respond to social pressures“ (Frederick 1978, S. 154). Danach sollen Unternehmen ihre CSR nicht nur normativ verankern, sondern aktiv in dessen Rahmen handeln und auf einzelne Anspruchsgruppen innerhalb der Unternehmensumwelt zugehen (vgl. Frederick 1978, S. 155. Siehe auch Porter und Kramer 2008b, S. 484). Im Vergleich zum bisherigen CSR-Ansatz erfüllt CSR_2 daher eher den Anspruch eines Managementansatzes zur Einbindung gesellschaftlicher Verantwortung in die Unternehmensaktivitäten (vgl. Kirstein 2009, S. 46). Hierbei weist das CSR-Konzept deutliche Überschneidungen zum *Stakeholder-Ansatz* auf, der ebenfalls in dieser Zeit an Bedeutung gewinnt.[4] Der Stakeholder-Ansatz gilt als Gegenentwurf zu Friedmans Shareholder-Ansatz.[5] Danach unterhält ein Unternehmen als Agent nicht nur eine singuläre Beziehung mit seinem Prinzipal (Shareholder). Vielmehr muss es seinen Verpflichtungen in multiplen Beziehungen mit verschiedenen Anspruchsgruppen (Mitarbeiter, Kunden, Lieferanten, Aktivisten, Staat, etc.) nachkommen, bei denen die ökonomischen Unternehmensaktivitäten zu un-

[4] Zum Stakeholder-Ansatz siehe Freeman 1984.

[5] Für eine Zusammenfassung der wichtigsten Thesen der Stakeholder-Theorie siehe Donaldson und Preston 1995.

mittelbaren Vor- und Nachteilen führen (vgl. Crane und Matten 2004, S. 50). Diese Verpflichtungen existieren, da die Stakeholder ähnlich wie die Shareholder eine Art Investition (engl. stake) in das Unternehmen getätigt haben (z.B. Arbeitszeit der Mitarbeiter, Bereitstellung von Infrastruktur der Gemeinden, Bildungseinrichtungen und Steuererleichterungen). Im Vergleich zum vage formulierten CSR-Konzept personalisiert der Stakeholder-Ansatz die gesellschaftliche Verantwortung von Unternehmen. Durch die Benennung einzelner Anspruchsgruppen gibt er konkrete Handlungsrichtungen für einzelne CSR-Aktivitäten vor (vgl. Carroll 1991, S. 43). Der Ansatz unterscheidet dabei zwischen unternehmensinternen und -externen Anspruchsgruppen und ordnet diese wiederum anhand der Art der Verflechtung mit dem Unternehmen in verschiedene Hierarchiestufen ein (vgl. Freiling und Reckenfelderbäumer 2004, S. 217 f.).

Die aufgezeigte CSR-Debatte beschränkt sich bislang auf die ökonomische und die soziale Dimension wirtschaftlichen Handelns. In den 90er Jahren werden diese Dimensionen insbesondere zur Operationalisierung und Messung der Corporate Social Performance um eine ökologische Dimension ergänzt (vgl. Münstermann 2007, S. 8 f.). Diese Dimension gesellschaftlicher Verantwortung entwickelt sich unabhängig von der bisherigen CSR-Diskussion bereits in den 70er Jahren (vgl. Jonker und Witte 2006, S. 2 sowie Schranz 2007, S. 24). Speziell in Europa wird die ökologische Dimension unter dem Begriff der *Nachhaltigkeit* (Sustainability) bzw. nachhaltige Entwicklung (Sustainable Development) diskutiert (vgl. Loew et al. (2004), S. 24; Schierenbeck und Wöhle 2008, S. 88; Kirstein 2009, S. 53 f.). Hervorzuheben sind dabei die Ausführungen der Brundtland-Kommission 1987, die ein unternehmerisches Verhalten als nachhaltig bezeichnet, wenn es „die Bedürfnisse der Gegenwart befriedigt, ohne zu riskieren, dass zukünftige Generationen ihre eigenen Bedürfnisse nicht befriedigen können" (vgl. Loew et al. 2004, S. 24; Schierenbeck und Wöhle 2008, S. 88; Kirstein 2009, S. 53 f.). Die Erweiterung von CSR um ökologische Nachhaltigkeitsaspekte führt auch zum Aufkommen des Begriffs der *Triple-Bottom-Line* (*TBL*), der in seinen Anfängen durch Elkington geprägt wird (vgl. Elkington 1994). Danach muss ein Unternehmen neben seinen ökonomischen Zielen auch soziale und ökologische Zielsetzungen verfolgen (vgl. Hansen und Schrader 2005, S. 375; Brown und Dillard 2006, S. 12). Die allgemeine Unternehmenstätigkeit soll neben der ökonomischen Perspektive (z.B. durch den Jahresabschluss) auch aus sozial-ökologischer Sicht dokumentiert und bewertet werden.[6] Hierbei sollte stets die Balance der drei Dimensionen gegeben

[6] In der Literatur finden sich auch Konzepte, die sich auf zwei Dimensionen (ökonomisch und nichtökonomisch) zur Bewertung des Unternehmenserfolgs beschränken. (vgl. bspw. Lantos (2001), S. 601).

sein (vgl. Loew et al. 2004, S. 58 sowie Bergmans 2006, S. 117; Schierenbeck und Wöhle 2008, S. 76). Ebenso wie die Wissenschaft entwickeln die Wirtschaft und die Politik hierfür eine Vielfalt von unterschiedlichen Methoden zur Messung der einzelnen Zieldimensionen.[7] Vor diesem Hintergrund hat die TBL einen wichtigen Einfluss auf die Unternehmenspraxis, da Unternehmen deren Zieldimensionen (ökonomisch, ökologisch, sozial) zumindest in ihre Geschäftsberichterstattung aufnehmen (vgl. Brown und Dillard 2006, S. 5). Heute finden sich diese Dimensionen auch in praxisorientierten Management-Ansätzen unter den Bezeichnungen People (soziale Dimension), Planet (ökologische Dimension) und Profit (ökonomische Dimension) wieder.[8]

Parallel zu der Entwicklung des CSR-Begriffs entsteht in dieser Zeit im angloamerikanischen Raum der Begriff der *Corporate Citizenship* (*CC*), der aufgrund mangelnder Begriffsbestimmung in der Literatur zum Teil als Synonym für die CSR verwendet wird. Dies ist hier jedoch abzulehnen, da es sich bei der CC um ein ausschließlich nach außen gerichtetes Konzept handelt, welches die eigentliche Geschäftstätigkeit des Unternehmens nicht beinhaltet (vgl. Biedermann 2010, S. 356). Eine CC bezeichnet vielmehr den „Versuch, ein Unternehmen auf möglichst vielfältige Weise positiv mit dem Gemeinwesen zu verknüpfen, in dem es tätig ist" (Westebbe und Logan 1995, S. 13; Schierenbeck und Wöhle 2008, S. 77). Insofern ist die CC dem allgemeinen CSR-Konzept untergeordnet (vgl. Kirstein 2009, S. 58 f.). Abbildung 2.1 fasst in einer chronologischen Darstellung die wichtigsten theoretischen Ansätze der Vergangenheit zusammen, die zur Entstehung des im nächsten Kapitel beschriebenen CSR-Verständnisses der Gegenwart beigetragen haben.

2.2 Gegenwärtiges Begriffsverständnis

Aufgrund seiner unterschiedlichen Entwicklungspfade und der aufgezeigten inhaltlichen Überschneidung mit anderen Konzepten wie z. B. der CC wird die CSR-Debatte gegenwärtig durch eine Vielzahl von unterschiedlichsten Begriffsdefinitionen geprägt.[9] Tabelle 2.1 zeigt exemplarisch eine Auswahl aktueller Definitionen des Begriffs.

[7] Für einen Überblick siehe Brown und Dillard 2006), S. 5 f.

[8] Vgl. hierzu bspw. das Complete Company FIT model von Bergmans 2006, S. 121.

[9] Crane/Matten/Spence sprechen hierbei auch von einem Dschungel an Definitionen. vgl. Crane et al. 2008, S. 3

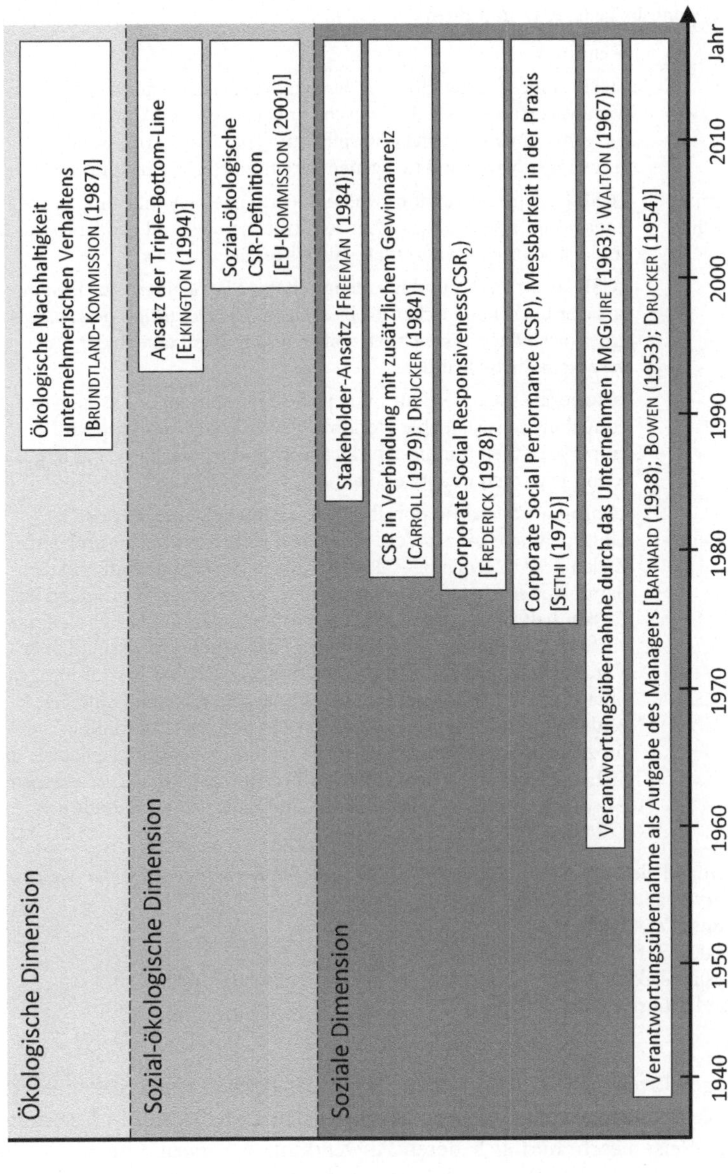

Abb. 2.1 Historische Entwicklung des CSR-Begriffs

Tab. 2.1 Gegenwärtige CSR-Definitionen

Verfasser	Definition
BDA/BDI	„CSR umfasst Aktivitäten im Bereich der sozialen und ökologischen Verantwortung sowie das ethische Engagement von Unternehmen. Sie gehen über gesetzliche Verpflichtungen hinaus, d. h. sie sind freiwilliger Natur und in eigener Verantwortung übernommen.“[a]
Mc Williams/ Siegel/Wright	„CSR [. . .] [are] situations where the firm goes beyond compliance and engages in 'actions that appear to further some social good, beyond the interests of the firm and that which is required by law'“[b]
Wieland	„CSR ist ein werte- und normengeleitetes Management zur Lösung sozialer und ökologischer Problemlagen. Die Definition dessen, was eine solche Lage auszeichnet, vollzieht sich über Stakeholder und gesellschaftliche Standards.“[c]
WBCSD	„Corporate social responsibility is the commitment of business to contribute to sustainable economic development, working with employees, their families, the local community and society at large to improve their quality of life“[d]
Meffert/ Münstermann	„Corporate Social Responsibility bezeichnet ein integriertes Unternehmenskonzept, das ausgehend vom Wertegerüst und den Zielen des Unternehmens dessen Rolle in der Gesellschaft und der damit einhergehenden Verantwortung konkretisiert. Es umfasst die Gesamtheit aller sozialen, ökologischen und ökonomischen Beiträge eines Unternehmens zur freiwilligen Übernahme gesellschaftlicher Verantwortung, die über die Einhaltung gesetzlicher Bestimmungen hinausgehen. Die Integration dieses Engagements in inhaltlicher, zeitlicher und kommunikativer Hinsicht und die strukturell-prozessuale Implementierung in die Unternehmenstätigkeit sowie die Sicherstellung langfristiger Wechselbeziehungen mit den relevanten Anspruchsgruppen (Stakeholdern) sind zentrale Bestandteile des CSR-Konzeptes.“[e]

[a]Bundesverband der Deutschen Industrie (BDI) und Bundesvereinigung der Deutschen Arbeitgeberverbände (BDA) 2002, S. 2
[b]McWilliams et al. (2006), S. 1
[c]Wieland 2003, S. 17
[d]World Business Council for Sustainable Development (WBCSD) 2000, S. 10
[e]Meffert und Münstermann 2005, S. 22

Die angeführten Definitionen weisen als Gemeinsamkeit einen Stakeholderbezug auf. Sie versuchen zum Teil sehr detailliert den CSR-Begriff zu bestimmen. Auf diese Weise beschränkt sich deren Anwendung auf spezifische Sachverhalte. Eine allgemeine und sehr gängige Abgrenzung des Begriffs nimmt 2001 die EU-Kommission vor, die CSR in ihrem Grünbuch von 2001 wie folgt definiert:

> „[Coporate Social Responsibility ist] [. . .] ein Konzept, das den Unternehmen als Grundlage dient, auf freiwilliger Basis soziale Belange und Umweltbelange in ihre Unternehmenstätigkeit und in die Wechselbeziehungen mit den Stakeholdern zu integrieren.“ (vgl. EU-Kommission 2001, S. 7)

Nach Loew et al. kommen bei dieser Definition folgende Elemente von CSR implizit zum Ausdruck (vgl. Loew et al. (2004), S. 48):

- CSR umfasst die soziale und ökologische Dimension von Nachhaltigkeit.
- CSR soll einen Beitrag zu nachhaltiger Entwicklung leisten.
- CSR schließt die Einhaltung von Rechtsvorschriften mit ein (Compliance).
- CSR fokussiert auf unternehmerisches Engagement über Compliance hinaus.
- CSR ist weder Ersatz für bestehende Rechtsvorschriften noch Ersatz für die Entwicklung neuer Rechtsvorschriften.

Die CSR-Definition der EU-Kommission erfährt sowohl in der Öffentlichkeit als auch in der Wissenschaft eine breite Akzeptanz (vgl. Hansen und Schrader 2005, S. 376; Meffert et al. 2008, S. 872; Schierenbeck und Wöhle 2008, S. 77; Kirstein 2009, S. 53, Klein und Theis 2010, S. 11). Sie dient daher für die weiteren Ausführungen als Arbeitsdefinition, wenn im Allgemeinen von CSR gesprochen wird. Für eine eingehendere Auseinandersetzung mit dem Begriff empfiehlt es sich dennoch weitere Unterscheidungen des Begriffes vorzunehmen, um unterschiedliche Ausprägungen der CSR aus Unternehmenssicht in der Praxis besser systematisieren zu können.

Formen der CSR 3

Aus der Perspektive eines Unternehmens heraus stellt sich die Frage, welche konkreten Aktivitäten notwendig sind, um seiner gesellschaftlichen Verantwortung in der Praxis effektiv und effizient Ausdruck zu verleihen (vgl. Carroll 1991, S. 40; Lantos 2001, S. 605). Für eine sinnvolle Implementierung der CSR im Unternehmen ist es daher zunächst sinnvoll, zwischen einer nichtstrategischen und einer strategischen Corporate Social Responsibility zu differenzieren. Beide Formen unterscheiden sich durch einen niedrigen bzw. hohen Grad an *Integration in das Geschäftsmodell.* Ein weiteres Unterscheidungsmerkmal für CSR-Aktivitäten stellt das *Verhalten des Unternehmens* dar. Ein Unternehmen kann entweder auf rechtliche Rahmenbedingungen und den Druck von Stakeholdern reagieren oder auf freiwilliger Basis CSR-Aktivitäten proaktiv durchführen. Aus den beiden Kriterien resultiert eine Vier-Felder-Matrix zur Systematisierung einzelner Arten und verwandter Konzepte der CSR (siehe Abb. 3.1).

3.1 Nichtstrategische CSR

Eine nichtstrategische CSR ist grundsätzlich durch den fehlenden Bezug der CSR-Aktivitäten zum Geschäftsmodell charakterisiert. Lantos unterscheidet bei dieser Form der CSR zwischen altruistischer (humanitärer, philanthropischer) CSR und ethischer CSR (vgl. Lantos 2001, S. 605). Die *ethische CSR* bezeichnet die soziale Verantwortung eines Unternehmens gegenüber Stakeholdern, denen es durch seine unternehmerische Tätigkeit potentiell schaden könnte (physisch, mental, ökonomisch, spirituell und emotional) (vgl. Lantos 2001, S. 606). Das Nachkommen einer ethischen CSR wird daher als Pflicht bzw. als sozialer Standard für Unternehmen betrachtet, auch wenn die Profitabilität von Unternehmen hierdurch eingeschränkt

J. Waßmann, *Grundlagen der CSR aus der Perspektive des Marketings*, essentials,
DOI 10.1007/978-3-658-04406-0_3, © Springer Fachmedien Wiesbaden 2014

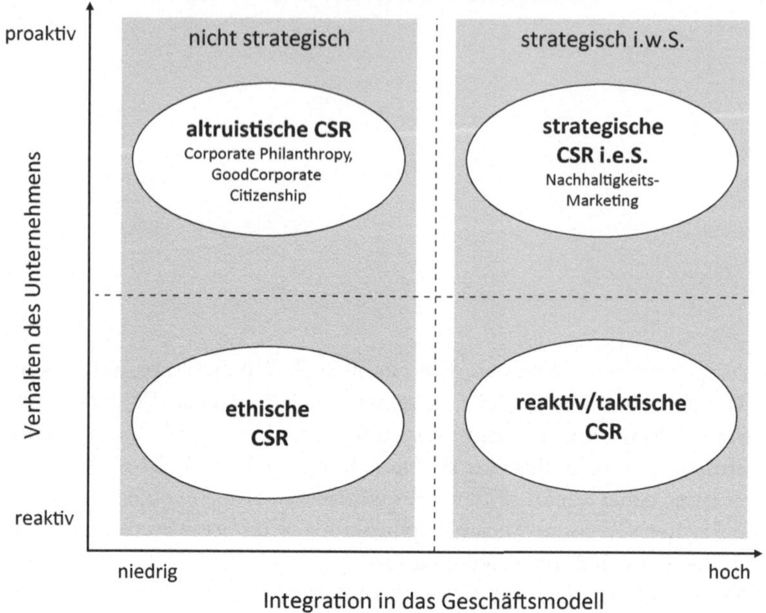

Abb. 3.1 Formen der CSR

wird (vgl. Lantos 2001, S. 606; Mildenberger et al. 2008, S. 114). Dies wird durch einen sozialen Vertrag begründet, den das Unternehmen als Institution implizit mit der Gesellschaft geschlossen hat. Es verpflichtet sich – ähnlich wie ein einzelner Bürger – seine verursachten sozialen Kosten zu übernehmen. Carroll definiert in seiner CSR-Pyramide in ähnlicher Weise die ethische CSR als Komponente des CSR-Ansatzes (vgl. Carroll 1991, S. 42). Das Einhalten von Gesetzen stellt dabei das Minimum an gesellschaftlicher Verantwortung dar. Darüber hinaus bezeichnet die ethische CSR ein verantwortungsvolles Unternehmensverhalten im Rahmen nicht kodifizierter gesellschaftlicher Normen und Werte (vgl. Schwartz und Carroll 2003, S. 508). Beispiele für ethische CSR-Aktivitäten sind Ausgaben für Produktsicherheit und die Vermeidung von selbstverursachter Umweltverschmutzung.

Eine *altruistische CSR* kennzeichnet Aktivitäten, die das Unternehmen über gesellschaftliche Normen hinaus als „Good Coporate Citizen" durchführt (vgl. Lantos 2001, S. 608 f). Auch Porter/Kramer ordnen die Corporate Citizenship dem nichtstrategischen altruistischen CSR-Bereich zu (vgl. Porter und Kramer 2008b, S. 491). Des Weiteren ist aufgrund der inhaltlichen Kongruenz die Corporate Philanthropy

(CP) der altruistischen CSR zuzuordnen. Diese Einordnung wird in der Literatur teilweise kritisch gesehen. Einerseits gibt es Ansätze neuerer Zeit, welche die CP eher im Zusammenhang mit einer ethischen CSR sehen, da sie stets aus ethischer Motivation heraus entstehe (vgl. Schwartz und Carroll 2003, S. 508). Andererseits gibt es Ansätze die CP in einen strategischen Unternehmenskontext einzubinden (vgl. Porter und Kramer 2008a, S. 454). Dennoch wird hier die CP unter der nichtstrategisch altruistischen CSR subsumiert, da es sich um Aktivitäten handelt, die per se nicht von der Gesellschaft einer ethischen Norm entsprechend gefordert werden (vgl. Carroll 1993, S. 33). Ferner ist die CP in der Praxis nicht fest im Geschäftsmodell des Unternehmens integriert. Im Sinne einer altruistischen CSR verwenden Unternehmen einen Teil ihrer Fähigkeiten und Ressourcen, um gesellschaftliche Probleme auf freiwilliger Basis zu lösen (vgl. Lantos 2001, S. 609 sowie Schwerk 2008, S. 122). Beispiel hierfür sind Partnerschaften mit Non-Governmental-Organizations (NGO), Bildungseinrichtungen oder Kultursponsoring. Es handelt sich um Unternehmensaktivitäten, bei denen primär das Gemeinwohl im Vordergrund steht (vgl. Schranz 2007, S. 26). Aus Unternehmenssicht besteht für eine altruistische CSR im Vergleich zur ethischen CSR keine unmittelbare moralische Pflicht zur Ausübung (vgl. Carroll 1991, S. 42). Aus diesem Grund reagiert das Unternehmen mit altruistischen CSR-Aktivitäten nicht auf den Druck einzelner Stakeholder, sondern betreibt sie proaktiv parallel zur eigentlichen Geschäftstätigkeit (vgl. Schranz 2007, S. 29). Demnach wird mit einer altruistischen CSR kein unmittelbares ökonomisches Unternehmensziel verfolgt (vgl. Lantos 2001, S. 609). Ein Beispiel aus der Praxis für CSR-Aktivitäten in diesem Bereich stellt das kontinuierliche Mitarbeiterengagement für Menschen in Not des ABB-Konzerns da. Die Mitarbeiter werden proaktiv zu Spenden angeregt, die von ABB dann mit zusätzlichen Unternehmensgeldern aufgestockt werden. Mit den Mitteln hilft ABB Menschen in Krisengebieten, die Opfer von Naturkatastrophen geworden sind. ABB kooperiert dabei mit der Hilfsorganisation CARE (vgl. Vogler 2011).

Sowohl der ethischen CSR als auch der altruistischen CSR ist daher gemein, dass beide Formen keinen direkten Bezug zum Geschäftsmodell des Unternehmens aufweisen. Somit äußert sich der vielfach propagierte Konflikt zwischen CSR und Profitabilität gerade bei nichtstrategischen Aktivitäten in besonderem Maße (vgl. Carroll 1991, S. 42). Aus der Unternehmenssicht stellt die Umsetzung dieser CSR-Formen häufig einen zusätzlichen finanziellen Aufwand dar. Ferner sind nichtstrategische CSR-Aktivitäten inhaltlich nicht eindeutig bestimmt. Insgesamt bedeuten solche CSR-Aktivitäten in der Praxis eine ineffiziente Ressourcenallokation aus Unternehmenssicht, weshalb sie häufig sogar ganz unterbleiben (vgl. Mildenberger et al. 2008, S. 122). Ohne Wertbeitrag wird eine CSR-Aktivität unternehmensintern als „Luxusgut“ wahrgenommen und läuft Gefahr konjunkturbedingt bei schlechter Wirtschaftslage wieder eingestellt zu werden (vgl. Habisch 2006, S. 82). Einzig die Sicherung der *gesellschaftlichen Betriebslizenz*[1] (license-to-operate) bzw. die Sicherung der sozialen Akzeptanz stellt in einer solchen kostenorientierten Perspektive ein pragmatisches Argument für das Unternehmen dar, die gesellschaftliche Verantwortung für sein Handeln auf freiwilliger Basis zu übernehmen (vgl. Dubielzig und Schaltegger 2005, S. 238; Porter und Kramer 2008b, S. 484).

3.2 Strategische CSR

Die aufgeführten Probleme, die sich bei einer Umsetzung von nichtstrategischen CSR-Aktivitäten häufig ergeben, versucht die strategische CSR Rechnung zu tragen. Sie zeichnet sich im Gegensatz zu den nichtstrategischen CSR-Formen als integraler Bestandteil von Differenzierungsstrategien auf Geschäftsbereichs- oder Unternehmensebene aus. Sie wird damit nicht primär als Kostenposition bewertet, sondern ist als langfristiges Investment zu sehen (vgl. McWilliams et al. 2006, S. 4; Heugens und Dentchev 2007, S. 165). Der strategische CSR-Ansatz wird insbesondere durch die Arbeit von Baron geprägt. Sein Konzept für eine strategische Nutzung der CSR basiert auf der Annahme, dass Unternehmen, die sich freiwillig gesellschaftlich engagieren, vom Markt z. B. durch eine erhöhte Nachfrage nach ihren Produkten belohnt werden (vgl. hier und im Folgenden Baron 2001, S. 8). Ein Unternehmen, welches in CSR investiert, kann damit neben dem Nutzen für die Gesellschaft seinen eigenen Gewinn gleichzeitig steigern. Auf diese Weise leistet die CSR einen Beitrag zur Verbesserung der eigenen Wettbewerbsfähigkeit. Dementsprechend folgt sie einer zum Teil auf eigennützigen Motiven beruhenden Gewinnmaximierungsstrategie (vgl. Baron 2001, S. 9). Baron definiert die strategische CSR als: „[...] redistribution to appeal to a stakeholder group for the purpose of increasing demand for its products or reducing its costs" (Baron 2001, S. 12). Charakteristisch bei dieser Form der CSR ist, dass neben einem Nutzen für die Gesellschaft auch die Chance zur Steigerung der Effektivität („increasing demand for its products") oder Effizienz („reducing its costs") eines Unternehmens besteht. Sie setzt sich die Verwirklichung der gesellschaftlichen Verantwortung auf eine Weise zum Ziel, bei

[1] Ein Unternehmen besitzt eine gesellschaftliche Betriebslizenz, wenn es von der Öffentlichkeit bzw. allen relevanten Anspruchsgruppen gesellschaftlich akzeptiert wird (vgl. Schaltegger und Sturm 2000, S. 11). Zum Begriff license-to-operate siehe auch Porter und Kramer 2008b, S. 484.

der sowohl die Gesellschaft, insbesondere die relevanten Stakeholder, als auch das Unternehmen selbst von ihr profitieren (vgl. Baron 2001, S. 12; Lantos 2001, S. 605; Porter und Kramer 2008b, S. 493). CSR-Aktivitäten sind demnach im weitesten Sinne als strategisch zu charakterisieren, wenn sie neben einem Nutzen für die Gesellschaft auch einen Vorteil für das Unternehmen generieren (Win-Win-Situation) (vgl. Habisch 2006, S. 82). Durch die Verknüpfung von gesellschaftlichem Nutzen mit ökonomischen Anreizen versucht dieses CSR-Konzept den häufig angeführten Trade-Off zwischen Gewinnstreben und gesellschaftlicher Verantwortung zu überwinden (vgl. Kraft 1991, S. 488; Handelman und Arnold 1999, S. 33). Dabei kann sich das Unternehmen jedoch auch reaktiv verhalten *(reaktiv/taktische CSR)*. Dies ist der Fall, wenn es bestimmte CSR-Aktivitäten erst nach einem Fehlverhalten oder auf Druck der Stakeholder hin implementiert. Als Beispiel dienen hier die Transformationsprozesse des Stromkonzerns RWE im Rahmen der von der Bundesregierung angestrebten Energiewende von der Kernenergie hin zu erneuerbaren Energien. RWE hat damit begonnen neben dem Ausbau der erneuerbaren Energie zusätzlich intelligente Lösungen zur effizienten Steuerung des Energieverbrauchs in privaten Haushalten anzubieten (vgl. Löchte 2011). Auf diese Weise unterstützt RWE die nachhaltige Ressourcenschonung und baut sich gleichzeitig ein ertragreiches neues Geschäftsfeld auf. Eine solche Änderung der Geschäftsstrategie unter Berücksichtigung sozialer und ökologischer Ziele wäre jedoch ohne den Druck der Bundesregierung proaktiv nicht zu erwarten gewesen, da bisherige Geschäftsfelder wie die Erzeugung von Atomstrom immer noch sehr profitabel sind.

Im Vergleich zu einer reaktiven CSR wird mit der strategischen CSR im engeren Sinne nicht auf Probleme reagiert, sondern proaktiv nach Gelegenheiten für ein Engagement gesucht, die von Beginn an einen direkten Bezug zur Wertschöpfungskette und zum Wettbewerbsumfeld besitzen (vgl. Busch et al. 2008, S. 954 f; Porter und Kramer 2008b, S. 500; Wagner et al. 2009, S. 87). Ein Beispiel für eine proaktive und zugleich strategische CSR-Umsetzung ist der Getränkehersteller BIONADE. Als Produkt, Marke und Unternehmen steht BIONADE seit seiner Gründung für eine integrierte gesellschaftliche Verantwortung und bringt dies in den Kampagnen und begleitenden Botschaften zum Ausdruck (vgl. Kowalsky et al. 2011, S. 245). Die beworbenen Aktivitäten sind dabei stets geschäftsmodellspezifisch. Durch den regionalen Bezug von Rohstoffen zur Herstellung des Produktes unterstützt BIONADE das strukturschwache Umfeld am Standort. Daneben verknüpft es assoziativ sein ökologisches Engagement zur Förderung von Trinkwasser mit seiner Markenidentität. Zudem können dieser CSR-Form auch Unternehmensneugründungen zugeordnet werden, die ökologische Missstände der Gesellschaft als unternehmerische Chance begreifen. Sie setzen sich im Sinne einer „Enviropreneurial Marketing Strategy" zum Ziel die identifizierten Missstände zu beseitigen und gleichzeitig einen ökonomischen Gewinn für das Unternehmen zu generieren (vgl. Menon und Menon 1997).

Für eine praxisorientierte Unternehmensperspektive bietet es sich an, den CSR-Begriff für die weitere Diskussion um eine strategische Komponente zu erweitern. In Anlehnung an Vaaland/Heide/Grønhaug wird für die strategische CSR folgende Definition verwendet:

> „Corporate social responsibility is management of stakeholder concern for responsible and irresponsible acts related to environmental, ethical and social phenomena in a way that creates corporate benefit.“ (Vaaland et al. 2008, S. 931)

Verglichen mit der allgemeinen CSR-Definition stellt diese Sichtweise explizit heraus, dass Unternehmen ihrer Verantwortung gegenüber einzelnen Stakeholdern in ökonomischer, ökologischer und sozialer Hinsicht am besten nachkommen, wenn dies einen zusätzlichen Gewinn für das Unternehmen beinhaltet. Dieser Ansatz wird in der Literatur auch als performance-orientierte CSR diskutiert (vgl. Basu und Palazzo 2008, S. 122).

Aufgrund der angesprochenen Profitorientierung und dem damit verbundenen Einbezug egoistischer Motivationen wird dieser Ansatz in der Wissenschaft gleichsam kritisch bewertet. In einigen Fällen wird die strategische CSR sogar als kongruent mit den Auffassungen von Friedman und Carr gesehen, die den allgemeinen CSR-Ansatz gänzlich ablehnen (Siehe hierzu Kap. 2, S. 8). Dem ist jedoch entgegenzusetzen, dass der strategische CSR-Ansatz im Vergleich zu einer reinen Umverteilung von Mitteln kein Nullsummenspiel ist. Er kann durch den Gewinnanreiz das Unternehmen motivieren zusätzlichen Wohlstand für die Gesellschaft zu generieren (vgl. Lantos 2001, S. 619). Des Weiteren zielt das strategische Verständnis von CSR auf eine langfristige Profitorientierung ab und nicht auf das Erreichen kurzfristiger Formalziele.

Gerade im Marketingkontext ist die CSR von besonders hoher Relevanz, da der Fokus der Gewinnerzielung auf der Beziehung mit einer wichtigen Stakeholder-Gruppe, den Kunden, liegt (vgl. Du et al. 2010, S. 9; Vaaland et al. 2008, S. 931; Bhattacharya und Sen 2004, S. 9). Aus diesem Grund gibt es im Marketing bereits eine Vielzahl von Anwendungskonzepten für die strategische Verankerung einer CSR, wie etwa das Cause-Related-Marketing, das Coporate-Sponsorship oder das Corporate-Societal-Marketing (vgl. Hoeffler und Keller 2002). Im deutschen

Sprachraum wird für die CSR-Diskussion im Marketingkontext auch der Begriff des *Nachhaltigkeits-Marketings* verwendet. Dieser Bereich des Marketings beschäftigt sich mit der Frage, welchen relevanten Beitrag die Unternehmen zu den sozial-ökologischen Problemen einer Gesellschaft leisten und dabei gleichzeitig einen Mehrwert für den Kunden generieren (vgl. Belz 2005, S. 19). Das Nachhaltigkeits-Marketing ist demnach unter dem Konzept der strategischen CSR im engeren Sinne zu subsumieren, da es versucht sozial-ökologische Belange der Gesellschaft proaktiv in das Geschäftsmodell der Unternehmung zu integrieren, um langfristig erfolgreich zu sein. Das strategische CSR-Konzept folgt somit einem betriebswirtschaftlich instrumentellen Ansatz.[2]

Offensichtlich erfordert insbesondere die Umsetzung eines strategischen CSR-Konzeptes die besondere Aufmerksamkeit der Unternehmensführung. In den folgenden Abschnitten wird daher im Detail diskutiert, welche Relevanz die CSR für die Unternehmensführung aus theoretischer Sicht besitzt. Zunächst wird hierzu die Bedeutung der CSR für das Unternehmen aus der Perspektive der Institutionentheorie betrachtet.

[2] Neben den instrumentellen kann innerhalb der Theorie zur CSR zwischen politischen, integrativen und ethischen Ansätzen unterschieden werden. Vgl. Garriga und Melé 2004, S. 52 f.

Relevanz der CSR für die marktorientierte Unternehmensführung 4

4.1 Institutionelle Perspektive

Die bisherigen Ausführungen dienten vor allem der Klassifikation von CSR-Aktivitäten und der inhaltlichen Auseinandersetzung aus Unternehmenssicht. Bislang blieb aber unberücksichtigt, warum Unternehmen sich veranlasst sehen, ihrer gesellschaftlichen Verantwortung durch CSR-Aktivitäten Ausdruck zu verleihen. In der Literatur wird diesbezüglich häufig der Einfluss institutioneller Faktoren als Ursache angeführt (vgl. Campbell 2006, S. 926; De Graaf 2006, S. 248; Gond und Herrbach 2006, S. 368). Die Nichtberücksichtigung von institutionellen Determinanten kann aus Managementsicht zu einer fehlerhaften Einschätzung über die Ausgestaltung der gesellschaftlichen Verantwortung treffen (vgl. Basu und Palazzo 2008, S. 123). Vor diesem Hintergrund wird im Folgenden eine institutionelle Perspektive gewählt, um das Entstehen von CSR-Engagement in der Praxis zu erklären. Der nachfolgende Abschnitt behandelt zunächst die hierfür notwendigen Grundlagen der Institutionentheorie.

4.1.1 Grundzüge der Institutionentheorie

Traditionelle Organisationstheorien sehen das Unternehmen primär als ein Produktions- und Austauschsystem mit einer formalen Struktur, dessen Aufgabenumfeld („task environment“) nur durch wenige externe Parameter wie Ressourcen, Wettbewerber und Austauschpartner bestimmt wird (vgl. Scott 1987, S. 507; Kieser und Walgenbach 2007, S. 46 f). Unternehmen orientieren sich in diesem Aufgabenumfeld ausschließlich an ökonomischen Zielen wie an der Maximierung des Shareholder-Values. Sie befriedigen die Bedürfnisse der Nachfrager mit Produkten von hoher Qualität zu einem möglichst geringen Preis und kon-

J. Waßmann, *Grundlagen der CSR aus der Perspektive des Marketings*, essentials, DOI 10.1007/978-3-658-04406-0_4, © Springer Fachmedien Wiesbaden 2014

zentrieren sich auf die Einhaltung ihrer Verpflichtungen gegenüber Lieferanten. Managern wird dabei stets ein rationales Verhalten unterstellt, deren Entscheidungen auf Effektivitäts- und Effizienzüberlegungen beruhen (vgl. Macharzina und Wolf 2005, S. 91).

Obwohl diese Sichtweise auf das Unternehmen und dessen Aufgabenumfeld sicherlich in Teilen korrekt ist, konstatiert die Institutionentheorie, dass ein solcher klassischer organisationstheoretischer Ansatz einer kurzfristigen und zu enggefassten Orientierung folgt und damit unvollständig ist (vgl. Handelman und Arnold 1999, S. 34). Zur theoretischen Begründung der Aufgaben der Unternehmung und insbesondere der Übernahme gesellschaftlicher Verantwortung darf das Unternehmen nicht primär als Produktions- und Austauschsystem betrachtet werden. Vielmehr sollte der Fokus der Betrachtung vor allem auf der Einbettung des Unternehmens in seine institutionelle Umgebung liegen. Diesen Ansatz verfolgt die Institutionentheorie.[1]

„*Institutionen* sind sanktionierbare Erwartungen, die sich auf die Verhaltensweisen eines oder mehrerer Individuen beziehen" (Picot et al. 2005, S. 10). Sie richten sich sowohl an Individuen als auch an Personengruppen und dienen dem Einzelnen als Grundlage für die Erstellung seiner Handlungspläne. Damit umschließt der Begriff Institution neben Regeln bzw. Normen auch korporative Gebilde (hier Unternehmen) (vgl. Picot et al. 2005, S. 10). Letztere dürfen ihr Aufgabenumfeld daher nicht nur aus einer technisch-ökonomischen Perspektive betrachten, sondern müssen sich als organischer Bestandteil eines komplexen Umweltsystems begreifen. Innerhalb dieses Systems existieren neben den harten ökonomischen Gegebenheiten vor allem sozio-kulturelle Normen, die das Unternehmen in seiner Struktur und seinem Handeln auf lange Sicht beeinflussen. Der Referenzpunkt für das Handeln des Managers liegt daher nicht in der engen ökonomischen Umwelt, sondern ähnlich wie beim Stakeholder-Ansatz in der weitergefassten sozialen Umwelt (vgl. Macharzina und Wolf 2005, S. 91). Diese kann in sechs Komponenten unterteilt werden: die demografische, die ökonomische, die physische, die technologische, die politisch-rechtliche und die sozio-kulturelle Umwelt (vgl. Kotler et al. 2009, S. 19). Ziel des Unternehmens muss es sein durch die Berücksichtigung der einzelnen Normen dieser Umweltkomponenten eine *soziale Legitimation*[2] zu

---

[1] Die Institutionentheorie wird auch als institutionalistischer Ansatz oder Neoinstitutionalismus bezeichnet. Es ist zu beachten, dass die Institutionentheorie aufgrund inhaltlicher Differenzen nicht als Synonym für die Neue Institutionenökonomie verwendet werden darf. Vgl. Macharzina und Wolf 2005, S. 91; Wolf 2005, S. 387 f.

[2] Scott spricht in diesem Zusammenhang von Autorisierung, welche hier als Synonym für die Legitimation zu verstehen ist. Vgl. Scott 1987, S. 502.

erlangen, um selbst als Institution wahrgenommen zu werden (vgl. Scott 1987, S. 502; Handelman und Arnold 1999, S. 35; Macharzina und Wolf 2005, S. 92). Mit Legitimation ist gemeint, dass das Unternehmen aus der Sicht der Stakeholder als zuverlässig wahrgenommen und akzeptiert wird (vgl. Jones und Bouncken 2008, S. 672). Die Legitimation ist für das Unternehmen wichtig, da die sozialen Beziehungen, die es pflegt, weit mehr sind als Störfaktoren ökonomischer Prozesse. Als offene Systeme sind Unternehmen auf die soziale Legitimation angewiesen, um Zugang zu gesellschaftlichen Ressourcen zu erlangen (vgl. Bluhm 2008, S. 156). Dies ist für die Überlebensfähigkeit der Organisation essenziell (vgl. Meyer und Rowan 1977, S. 340). Gerade in Zeiten der Modularisierung von Wertschöpfungsprozessen und dem Bedeutungsgewinn von Kooperationen in der Betriebswirtschaft ist es wichtig, dass Unternehmen über eine soziale Legitimation verfügen, da formalhierarchische Koordinationsmechanismen in diesen Beziehungen nur schwach ausgeprägt sind (vgl. Wolf 2005, S. 390). In Bezug auf die Legitimation geht vor allem aber ein starker Einfluss von der öffentlichen Meinung und der Rolle der Medien aus, der je nach Verhaltensweise positiv oder negativ für das Unternehmen ist (vgl. Dyllick 1989).

In der Vergangenheit wurde die Stärke des Einflusses der institutionellen Umwelt je nach Branchenart differenziert betrachtet. So galt, dass produzierende Unternehmen im Vergleich zu Banken und Versorgungsunternehmen von gesellschaftlichen Institutionen weniger stark beeinflusst werden, weshalb hier eine Konzentration des Managements auf technisch-ökonomische Erfolgsziele ausreichend ist (vgl. Meyer und Rowan 1977, S. 354). Heute hat der institutionelle Einfluss auch auf produzierende Unternehmen speziell durch die Weiterentwicklung der Informations- und Kommunikationstechnologien jedoch zugenommen. So entstehen durch das Internet bspw. völlig neue Institutionsformen (Aktivistenforen, Benutzergruppen und Meinungsführer), die auf jede Art von Organisation und Branche verstärkt Einfluss nehmen und die Kriterien für eine soziale Legitimation neu bestimmen und erweitern. Der institutionelle Ansatz zur Festlegung von Zielen und Aufgaben der Unternehmung ist damit heutzutage weit wichtiger als in der Vergangenheit.

Zusammenfassend kommt die Institutionentheorie zu dem Ergebnis, dass der Erfolg von Unternehmen, genauer deren Effizienz und die Effektivität, innerhalb der „task environment“ nicht „hart“ vom Unternehmen selbst bestimmt werden kann, sondern „weich“ durch die Gesellschaft mitgestaltet wird (vgl. Wolf 2005, S. 391). Als Konsequenz müssen Unternehmen ihr Handeln an die externen institutionellen Einflüsse der Umwelt anpassen, um innerhalb der „task environment“ wirtschaftlich erfolgreich zu sein. Sie sind gezwungen sich als Akteur der Gesellschaft zu qualifizieren, um mit ihrem Umfeld interagieren zu können (vgl. Ulrich 2007, S. 76 f). Die Institutionentheorie sieht das Unternehmen somit als Institution der Gesellschaft. Ferner bietet sie Erklärungsansätze, inwieweit die gesellschaftlichen Erwartungen eines angemessenen Verhaltens die Struktur und das Handeln der Unternehmung beeinflussen (vgl. Handelman und Arnold 1999, S. 34).

4.1.2 CSR im Kontext der Institutionentheorie

Wie die allgemeine Institutionentheorie zeigt, werden Unternehmen durch Ansprüche externer Institutionen in ihrem Handeln beeinflusst. Daneben besitzen sie aber auch aufgrund unvollständiger Regeln und sozio-kultureller Normen einen Handlungsspielraum im Umgang mit diesen Ansprüchen. Unternehmen sind insofern nicht hilflos der objektiv fassbaren Marktrealität ausgesetzt, sondern können als gesellschaftlicher Akteur die Märkte und die Umwelt mit proaktiven, strategischen Entscheidungen mitgestalten (vgl. Ulrich 2007, S. 89). Die Unternehmensführung muss hierbei entscheiden, welche institutionellen Anspruchsgruppen sie notwendigerweise befriedigt, damit die Unternehmung bei der Erreichung der ökonomischen Ziele durch die institutionelle Umwelt unterstützt wird. Eine unterstützende Wirkung der institutionellen Umgebung kann sich z. B. im Marketing durch eine Präferenz und Weiterempfehlung der angebotenen Leistung durch den Kunden bzw. das Ausbleiben von Kaufboykotts äußern (vgl. Handelman und Arnold 1999, S. 35).

Eine Auseinandersetzung mit dem CSR-Ansatz erscheint für das Unternehmen also erst sinnvoll, wenn ein solcher institutioneller Handlungsspielraum existiert (vgl. Hansen und Schrader 2005, S. 375). Gebe es ihn nicht, d. h. wären alle Regeln und Normen der institutionellen Umgebung vollständig bestimmbar, erscheint ein gesellschaftliches Engagement aus Unternehmenssicht auf freiwilliger Basis hinfällig (vgl. Campbell 2006). Das Unternehmen könnte sich unter Einhaltung des geltenden Rechts lediglich auf seine „task environment" fokussieren. CSR stellt für das Management ein Konzept dar, um den Handlungsspielraum innerhalb der institutionellen Umgebung zu strukturieren und zu koordinieren. Insbesondere hilft der CSR-Ansatz den relevanten sozial-ökologischen Ansprüchen gerecht zu werden, ohne dabei die ökonomische Zieldimension zu vernachlässigen.

Es handelt sich bei dem CSR-Konzept somit um ein wichtiges Instrument für das Management, um die soziale Legitimation zu erreichen. Eine Verankerung von CSR speziell im Marketingkontext ist damit eine durchaus zwingende Notwendigkeit zur Absicherung der Existenz von Unternehmen (vgl. Busch et al. 2008, S. 944). Die Institutionentheorie leistet somit einen wichtigen Beitrag zum Verständnis, warum ökonomische und nicht ökonomische Marketing-Aktivitäten ineinander integriert werden sollten (vgl. Handelman und Arnold 1999, S. 33).

Ein Konzept, welches über die Notwendigkeit der Implementierung einer CSR hinausgeht und das es dem Management erleichtern soll, externe soziale Belange mit den internen wirtschaftlichen Zieldimensionen des Unternehmens zu vereinen, ist der Ansatz des *Creating Shared Value (CSV-Ansatz)* von Porter/Kramer, auf den im Folgenden eingegangen wird.

4.2 Creating Shared Value als Managementorientierung

Porter/Kramer sind der Ansicht, gerade weil Unternehmen in der Vergangenheit versucht haben sich offensiv mit CSR-Kampagnen zu profilieren, sie stärker als je zuvor von den Stakeholdern für sozial-ökologische Missstände verantwortlich gemacht werden. Anstatt sich den Ursachen ihrer selbstverschuldeten, negativen Effekte anzunehmen, versuchen sie mit ihrem CSR-Engagement lediglich deren Symptome zu verschleiern. Dies führe gegenwärtig zu einem Verlust an Glaubwürdigkeit und gesellschaftlicher Legitimation der Unternehmen, trotz ihrer zahlreichen CSR-Aktivitäten. Das gegenwärtige CSR-Verständnis der Praxis äußere sich vor allem durch eine periphere Betrachtung sozialer Belange und sei selten im Kern der Unternehmung verankert (vgl. Porter und Kramer 2011, S. 4).

Vor diesem Hintergrund plädieren Porter/Kramer für einen übergeordneten Bezugsrahmen, der aus Unternehmenssicht das eigene Wirtschaften und die gesellschaftlichen Belange besser miteinander vereint. Im Unterschied zum überwiegenden Verständnis der Managementpraxis, welche die CSR als notwendigen Hygienefaktor zur Reputationsunterstützung und damit als Kostenfaktor sieht, berücksichtigt der CSV-Ansatz, dass auch gesellschaftliche Bedürfnisse und nicht nur konventionelle ökonomische Bedürfnisse Märkte heutzutage definieren (vgl. Porter und Kramer 2011, S. 5). Eine Integration gesellschaftlicher Belange in die Unternehmensziele biete demnach die unternehmerische Chance durch innovative Geschäftsmodelle in sozial-ökologischen Bereichen die eigene Wettbewerbsfähigkeit zu stärken. Diese Win-Win-Situation bezeichnen die Autoren als „Shared Value".

Der Begriff des „Shared Value" setzt sich nach Porter/Kramer aus allen operativen Maßnahmen des Unternehmens zusammen, die ein Unternehmen wettbewerbsfähiger machen und gleichzeitig in der soziokulturellen Unternehmensumwelt einen Nutzen stiften. Das Konzept konzentriert sich auf die Identifikation und Ausdehnung einer wertorientierten Verbindung zwischen gesellschaftlichem und wirtschaftlichem Fortschritt. Der Wert ergibt sich dabei nicht etwa aus dem Nutzen für jeden einzelnen Bereich sondern aus dem aggregierten Kosten-Nutzen-Verhältnis beider Dimensionen (vgl. Porter und Kramer 2011, S. 6). Den Autoren geht es damit nicht um eine Umverteilung von Unternehmensgewinnen, wie das Wort „Shared" vermuten lässt. Vielmehr argumentieren sie, dass mittels CSV-Orientierung ein zusätzlicher Mehrwert, sowohl für die Unternehmung, als auch für die Gesellschaft kreiert wird („Creating") (vgl. Porter und Kramer 2011, S. 5).

Für Unternehmen ergeben sich dabei drei konkrete Ansatzpunkte, um einen „Shared Value" zu generieren. An erster Stelle steht dabei die Revision bestehender Produkte und Märkte. Manager müssen sich die Frage stellen, ob ihre Produkte in jeglicher Hinsicht einen positiven Nutzen für die Kunden und die Gesellschaft stiften. So fokussieren sich bspw. immer mehr Lebensmittelhersteller im Rahmen ihrer Produktentwicklung auf gesundheitliche Belange ihrer Kunden, anstatt sich ausschließlich auf eine Verbesserung des Geschmacks und der Quantität zu konzentrieren (vgl. Porter und Kramer 2011, S. 7). Zweitens bedarf es einer Reanalyse der einzelnen Aktivitäten der Wertkette mit dem Ziel negative, externe Effekte, die mit der eigenen Unternehmenstätigkeit am jeweiligen Standort verbunden sind, zu eliminieren und den Ressourcenverbrauch innerhalb der Leistungserstellung zu senken (vgl. Porter und Kramer 2011, S. 8 f). Drittens sollte sich das Unternehmen regional engagieren und Wert darauf legen eigene Cluster, bestehend aus Zulieferern, qualifizierten Mitarbeitern sowie Bildungs- und Forschungseinrichtungen, vor Ort aktiv weiter zu entwickeln (vgl. Porter und Kramer 2011, S. 12).

Orientieren sich Unternehmen an diesen drei Punkten, so führe dies neben der Steigerung der Wettbewerbsfähigkeit automatisch zu einem Nachkommen ihrer gesellschaftlichen Verantwortung sowie zu mehr sozialer Akzeptanz bei den Stakeholdern (vgl. Porter und Kramer 2011, S. 17). Damit weist der Ansatz von Porter/Kramer einige Unterschiede zum vorherrschenden CSR-Ansatz der Praxis auf. Tab. 4.1 verdeutlicht die Unterschiede beider Ansätze anhand ausgewählter Merkmale.

Bei genauer Betrachtung des CSV-Ansatzes zeigt sich eine große Kongruenz zu dem in Kap. 4.2 angesprochenen Konzept der strategischen CSR. Ähnlich wie die strategische CSR geht der CSV-Ansatz von einer Win-Win-Situation für Unternehmen und Gesellschaft aus, wenn es sozial-ökologische Belange in seine Wertaktivitäten einbezieht. Jedoch betrachtet der CSV-Ansatz diese eher aus der Perspektive der Gesellschaft. Dennoch sollten Manager diese unternehmensexterne Perspektive bei ihren Entscheidungen stets berücksichtigen, da sie sich – wie Kap. 5.1 aufzeigt – als Institutionen des gesellschaftlichen Systems begreifen müssen.

Anhand der Institutionentheorie und des hier besprochenen CSV-Ansatzes wurde herausgearbeitet, dass die Implementierung einer sozial-ökologischen Ver-

Tab. 4.1 Corporate Social Responsibility versus Creating Shared Value. (Quelle: Verändert entnommen aus Porter und Kramer 2011, S. 16)

	CSR	CSV
Wertorientierung	Sozialer Nutzen	Ökonomischer und sozialer Nutzen im Verhältnis zu den Kosten
Konzeptionelle Umsetzung	Corporate Citizenship, Philantropie, Nachhaltigkeit	Gemeinsame Wertschöpfung von Unternehmen und Gesellschaft
Art des Handelns	Diskretionär und in Reaktion auf öffentlichen Druck der Stakeholder	Integraler Bestandteil der Wettbewerbsstrategie des Unternehmens
Determinanten der Agenda	Berichte von externen Organisationen und persönliche Präferenzen der Unternehmensführung	Unternehmensspezifische und -interne Determinanten (z. B. Kernkompetenzen)
Umfang	Limitiert durch CSR-Budget	Neuaufstellung der gesamten Unternehmensbudgetierung

antwortung in der heutigen Zeit nicht nur eine notwendige Bedingung zur Sicherstellung des Fortbestands der gesamten Unternehmung darstellt, sondern darüber hinaus genutzt werden kann, um innovative Geschäftsmodelle zu entwickeln. Im nächsten Schritt wird nun erläutert, inwiefern ein Unternehmen durch die strategische Implementierung der CSR seinen Wettbewerbsvorteil konkret erhöhen kann.

4.3 Wettbewerbsvorteile durch CSR-Aktivitäten

Zum Begriffsverständnis des Wettbewerbsvorteils gibt es in der Literatur eine Vielzahl an Definitionen, die sich in ihrer Grundaussage nur geringfügig unterscheiden (vgl. Porter 1998; Grant 1999; Hungenberg 2006 S. 184 ff). In dieser Arbeit wird der Konzeption des Wettbewerbsvorteils als *Komparativer Konkurrenzvorteil (KKV)* von Backhaus gefolgt. Dieses Konzept eignet sich durch seine unmittelbare Einbettung in das Marketingmanagement für die zu untersuchende Thematik im hier betrachteten Zusammenhang besonders gut.

Nach Backhaus/Schneider ist die Kernaufgabe des strategischen Marketings das Management von KKV (vgl. Backhaus und Schneider 2009, S. 33). Hierbei soll das Marketing zur Generierung neuer Problemlösungen beitragen, um vorhandene oder latente Bedürfnisse der Nachfrager im Vergleich zur Konkurrenz umfassender (besser, preisgünstiger, schneller, nachhaltiger) zu befriedigen (Effektivitätsdimension). Die Umsetzung der Lösungen muss aber auch auf eine Weise erfolgen, die dem Unternehmen einen ökonomischen Vorteil ermöglicht (Effizienzdimension). Verwirklicht das Unternehmen beide Dimensionen in einem Geschäftsfeld, so besitzt es einen Wettbewerbsvorteil im Sinne eines KKVs. Die Vorteile werden als komparativ bezeichnet, da sich das eigene Angebot von dem des Wettbewerbers nicht absolut, sondern nur relativ unterscheiden muss. Die Notwendigkeit eines kontinuierlichen Vergleichs mit der Konkurrenz stellt Mises bereits 1940 fest: „Der Unternehmer kann seinen Konkurrenten im Wettbewerb nur dadurch zuvorkommen, dass er darauf bedacht ist, billiger und besser den Markt zu versorgen" (Mises 1940, S. 277). Bei dieser Aussage kommen implizit bereits die Effektivitätsdimension („besser") und die Effizienzdimension („billiger") des allgemeinen Wettbewerbsvorteils zum Ausdruck. Das KKV-Konzept geht einen Schritt weiter, indem es beiden Dimensionen jeweils zwei konkrete Erfolgsvoraussetzungen zuordnet, die simultan erfüllt sein müssen. So wird die Effektivitätsbedingung nur dann erfüllt, wenn der Vorteil aus Kundensicht *wahrgenommen* wird und für ihn *bedeutsam* ist. Die Effizienzbedingung ist erfüllt, wenn der Vorteil aus Unternehmenssicht *verteidigungsfähig* und *wirtschaftlich* ist (vgl. Backhaus und Schneider 2009, S. 40 f). Vor diesem Hintergrund ist nun zu klären, wodurch eine CSR und die damit verbundenen Aktivitäten einen Beitrag zur Entstehung eines KKVs leisten können.

Zunächst ist festzustellen, dass CSR-Aktivitäten hierzu nur in der Lage sind, wenn sie strategisch in den Gesamtzusammenhang der Unternehmung implementiert sind. Gerade kleine Unternehmen, die aufgrund mangelnder Economies of Scale oder F&E-Budgets Wettbewerbsnachteile aufweisen, können sich hierbei durch eine Erweiterung der klassischen Wettbewerbsdimensionen[3] durch die gesellschaftliche Verantwortung einen Vorteil verschaffen. Eine erfolgreiche Erweiterung der Wettbewerbsdimension sorgt dafür, dass innerhalb einer Branche das Mindestmaß an erwarteter gesellschaftlicher Verantwortung erhöht wird und somit große Wettbewerber bezüglich ihrer eigenen institutionellen Orientierung unter Druck geraten (vgl. Handelman und Arnold 1999, S. 43). Sofern die Aktivitäten in einen langfristigen Verhaltensplan mit den Wertaktivitäten gebündelt und gezielt auf die relevanten Stakeholder ausgerichtet sind, kann durch sie auf diese Weise ein deutlicher Mehrwert entstehen (vgl. Meffert et al. 2008, S. 853). CSR-Aktivitäten erhöhen demnach den Wettbewerbsvorteil, wenn die Entschei-

[3] Die klassischen Wettbewerbsdimensionen sind Qualitätswettbewerb, Kostenwettbewerb und Zeitwettbewerb. Vgl. Bruhn 2007, S. 17.

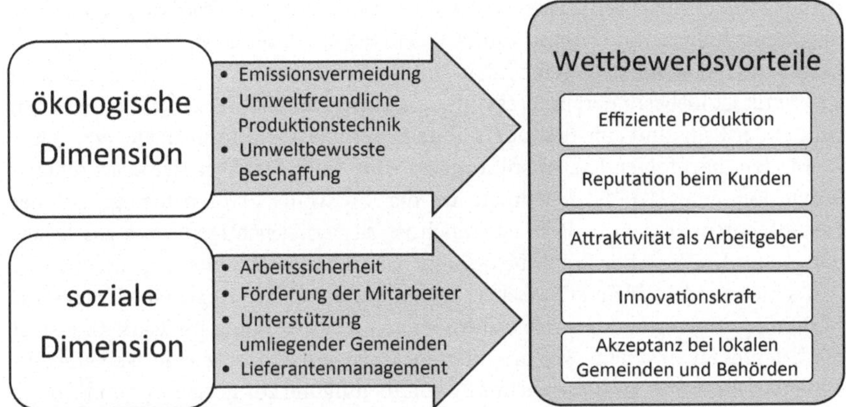

Abb. 4.1 Wettbewerbsvorteile durch strategische CSR-Aktivitäten (Quelle: Eigene Darstellung in Anlehnung an Kaufmann et al. 2008)

dung für eine CSR-Aktivität entweder ökonomisch neutral ist, also keine zusätzlichen Kosten verursacht, oder der entstehende Kostennachteil mit einem höheren Preis an den Kunden weitergegeben werden kann. Für letzteres muss der Kunde Preis und Qualität jedoch als kompensatorisch betrachten, damit er das Produkt kauft (vgl. Busch et al. 2008, S. 945). Der Vorteil einer CSR kann sich somit sowohl in einer höheren Effizienz als auch in einer höheren Effektivität äußern.

Welche konkreten CSR-Maßnahmen zur Unterstützung eines Wettbewerbsvorteils erfolgsversprechend sind, zeigt die Auswertung einer Befragung von 340 Unternehmensvertretern deutscher, österreichischer und schweizer Firmen (vgl. hier und im Folgenden Kaufmann et al. 2008). Hierbei werden sowohl in der sozialen als auch der ökologischen Dimension Bereiche von CSR-Aktivitäten mit unmittelbarem Bezug zur Wertkette identifiziert, die von den erfolgreichsten Unternehmen in einer Branche praktiziert werden und bei denen ein entsprechender Einfluss auf die Verbesserung der Wettbewerbsposition unterstellt werden kann. Die identifizierten Bereiche sind jeweils für die soziale und ökologische Dimension verantwortlichen Handelns in Abb. 4.1 dargestellt.[4]

Des Weiteren benennt die Studie auch konkrete Wettbewerbsvorteile, die aus diesen Betätigungsfeldern resultieren können. So zeigt sich anhand der Empirie, dass die erfolgreichsten Unternehmen innerhalb der Effizienzdimension Produk-

[4] Ähnliche Wettbewerbsvorteile benennt auch der European Competitiveness Report 2008. Vgl. Europäische Kommission 2008, S. 107–116.

tivitätsvorteile aufweisen. Daneben zeichnen sie sich in der Effektivitätsdimension durch eine höhere Innovationskraft, Attraktivität als Arbeitgeber sowie eine bessere Akzeptanz bei lokalen Gemeinden und Behörden aus. Für die hier betrachtete Thematik ist insbesondere interessant, dass Unternehmen mit einer strategischen CSR in der Lage sind eine besonders hohe *Reputation beim Kunden* zu erzeugen.

In den nachfolgenden Ausführungen wird sich dezidiert der Effektivitätsdimension eines KKVs gewidmet, da der Fokus der Untersuchung auf der Konsumentenperspektive liegt. Dennoch ist zu berücksichtigen, dass zur Erlangung eines KKVs in der Praxis beide Dimensionen nicht unabhängig voneinander betrachtet werden dürfen. Zwischen beiden besteht in der Regel eine Trade-Off-Beziehung. Entgegen der oftmals auftretenden Überbetonung im Marketing stellt die Effektivität in einem wertorientierten Managementansatz eine Nebenbedingung dar. Sie erfüllt zwar die wichtige Grundbedingung zur Erzielung von Erlösen. Zur Realisierung eines nachhaltigen KKVs sollte aber die Effizienzdimension als die zu maximierende Größe angesehen werden (vgl. Backhaus und Voeth 2007, S. 18 f). Im Sinne der Effektivitätsdimension des KKV-Konzeptes wird im Folgenden untersucht, wie unterschiedliche CSR-Ausgestaltungen einer Marke oder eines Produktes im Kaufentscheidungsprozess von Konsumenten *wahrgenommen* werden und ob sie für diesen tatsächlich von *Bedeutung* sind.

Hierbei stellt die Reputation bzw. das Markenimage beim Kunden eine wichtige Quelle für einen potentiellen Wettbewerbsvorteil dar (vgl. Menon und Kahn 2003, S. 316). Neben einem Effekt auf den Kaufentscheidungsprozess des Konsumenten lässt sich das gesteigerte Markenimage (Reputation/Goodwill) auch nutzen, um einen nachhaltigen Wettbewerbsvorteil in anderen Stakeholder-Beziehungen (z. B. bei potentiellen Mitarbeitern) zu erzielen (vgl. Sen et al. 2006, S. 164). Das Markenimage wird in der Regel durch eine identitätsbasierte Markenführung des Marketingmanagements indirekt gesteuert (vgl. Burmann und Meffert 2005, S. 52). Der nächste Abschnitt befasst sich daher näher mit der theoretische Einbindung der CSR in das Marketing- und Markenmanagement.

5 Fazit

Wie die eingangs dargestellte terminologische Entwicklung deutlich macht, hat sich der CSR-Begriff von einem anfangs sehr engen Begriffsverständnis zu einem umfassenden Management-Konzept entwickelt, welches die bisherigen Formalziele einer Unternehmung um eine soziale und eine ökologische Dimension erweitert. Heute existieren viele unterschiedliche Begriffsbestimmungen der CSR, von denen die Definition der EU-Kommission gegenwärtig eine breite Akzeptanz erfährt. Sie eignet sich jedoch nur bedingt für eine erfolgreiche Anwendung des CSR-Konzeptes in der Unternehmenspraxis. Die erfolgte Differenzierung des Begriffes in diesem Beitrag zeigt, dass das Konzept der strategischen CSR i.e.S. für eine Umsetzung besser geeignet ist. Demnach sollte die gesellschaftliche Verantwortung vor allem durch proaktive CSR-Aktivitäten zum Ausdruck gebracht werden, die sich durch einen hohen Integrationsgrad in das eigene Geschäftsmodell auszeichnen. Letztenendes können aus einer derartigen Umsetzung des Konzeptes die Ansprüche der Stakeholder an das Unternehmen als Institution besser erfüllt werden und langfristig Wettbewerbsvorteile realisiert werden.

J. Waßmann, *Grundlagen der CSR aus der Perspektive des Marketings*, essentials,
DOI 10.1007/978-3-658-04406-0_5, © Springer Fachmedien Wiesbaden 2014

Literatur

Ackermann, R. W. (1973). How companies respond to social demands. *Harvard Business Review, 51*(4), 88–98.
Backhaus, K., & Schneider, H. (2009). *Strategisches Marketing* (2. Aufl.). Stuttgart: Schäffer Poeschel.
Backhaus, K., & Voeth, M. (2007). *Industriegütermarketing* (8. Aufl.). München: Vahlen.
Backhaus-Maul, H. (2008). USA. In A. Habisch, R. Schmidtpeter, & M. Neureiter (Hrsg.), *Handbuch Corporate Citizenship* (S. 485–492). Springer.
Barnard, C. I. (1968). *The functions of the executive.* Cambridge: Harvard University Press.
Baron, D. P. (2001). Private politics, corporate social responsibility, and integrated strategy. *Journal of Economics & Management Strategy, 10*(1), 7–45.
Basu, K., & Palazzo, G. (2008). Corporate social responsibility: A process model of sensemaking. *Academy of Management Review, 33*(1), 122–136.
Belz, F.-M. (2005). Nachhaltigkeits-marketing: konzeptionelle grundlagen und empirische ergebnisse. In F.-M. Belz & M. Bilharz (Hrsg.), *Nachhaltigkeits-Marketing in Theorie und Praxis* (S. 19–39). Wiesbaden: DUV.
Bergmans, F. (2006). Integrating people, planet and profit. In J. Jonker & M. De Witte (Hrsg.), *Management models for corporate social responsibility* (S. 117–125). Heidelberg: Springer.
Bhattacharya, C. B., & Sen, S. (2004). Doing better at doing good: When, why, and how consumers respond to corporate social initiatives. *California Management Review, 47*(1), 9–24.
Biedermann, C. (2010). Corporate Citizenship in der Unternehmenskommunikation. In H. Backhaus-Maul, C. Biedermann, S. Nährlich, & J. Polterauer (Hrsg.), *Corporate Citizenship in Deutschland* (2. Aufl., S. 353–370). Wiesbaden: VS Verlag.
Bluhm, K. (2008). Corporate social responsibility – Zur Moralisierung von Unternehmen aus soziologischer Perspektive. In A. Mauer & U. Schimank (Hrsg.), *Die Gesellschaft der Unternehmen – Die Unternehmen der Gesellschaft, Gesellschaftstheoretische Zugänge zum Wirtschaftsgeschehen* (S. 144–162). Wiesbaden: VS Verlag.
Bowen, H. R. (1953). *Social responsibilities of the businessman.* New York: Harper & Row.
Brown, D., & Dillard, J. (2006). *Triple bottom line: A business metaphor for a social construct.* Portland: Portland State University.
Bruhn, M. (2007). *Marketing – Grundlagen für Studium und Praxis* (8. Aufl.). Wiesbaden: Gabler.

J. Waßmann, *Grundlagen der CSR aus der Perspektive des Marketings,* essentials,
DOI 10.1007/978-3-658-04406-0, © Springer Fachmedien Wiesbaden 2014

Bundesverband der Deutschen Industrie (BDI) und Bundesvereinigung der Deutschen Arbeitgeberverbände (BDA). (2002): Positionspapier zur Mitteilung der Europäischen Kommission betreffend die soziale Verantwortung der Unternehmen: Ein Unternehmensbeitrag zur nachhaltigen Entwicklung. http://www.csrgermany.de/www/csrcms.nsf/id/6C7AFC81CAE6BD64C1256F2B003333CA/$file/Stn_Soziale_Verantwortung_von_Unternehmen.pdf. Zugegriffen: 16. Mai 2010.

Burmann, C., & Meffert, H. (2005). Theoretisches Grundkonzept der identitätsorientierten Markenführung. In H. Meffert, C. Burmann, & M. Koers (Hrsg.), *Markenmanagement – Identitätsorientierte Markenführung und praktische Umsetzung* (2. Aufl., S. 37–72). Wiesbaden: Gabler.

Busch, R., Fuchs, W., & Unger, F. (2008). *Integriertes Marketing* (4. Aufl.). Wiesbaden: Gabler.

Campbell, J. L. (2006). Institutional analysis and the paradox of corporate social responsibility. *American Behavioral Scientist, 49*(7), 925–938.

Carr, A. Z. (1968). Is business bluffing ethical?. *Harvard Business Review, 46*(1), 143–153.

Carroll, A. B. (1979). A three-dimensional conceptual model of corporate performance. *Academy of Management Review, 4*(4), 497–505.

Carroll, A. B. (1991). The pyramid of corporate social responsibility: Toward the moral management of organizational stakeholders. *Business Horizons, 34*(4), 39–48.

Carroll, A. B. (1993). *Business and society: Ethics and stakeholder management* (2. Aufl.). Cincinnati: South-Western College Publishing.

Carroll, A. B. (1999). Corporate social responsibility: Evolution of a definitional construct. *Business & Society, 38*(3), 268–295.

Crane, A., & Matten, D. (2004). *Business ethics: A European perspective. Managing corporate citizenship and sustainability in the age of globalization.* Oxford: Oxford University Press.

Crane, A., Matten, D., & Spence, L. (2008). *Corporate social responsibility – Readings and cases in a global context.* Oxford: Routledge Chapman & Hall.

Davis, K. (1960). Can business afford ignore social responsibilities?. *California Management Review, 2*(3), 70–76.

De Graaf, G. (2006). Discourse and descriptive business ethics. *Business Ethics: A European Review, 15*(3), 246–258.

Donaldson, T., & Preston, L. E. (1995). The stakeholder theory of the corporation: Concepts, evidence, and implications. *Academy of Management Review, 20*(1), 65–91.

Drucker, P. F. (1954). *The practice of management.* New York: Harper & Row.

Drucker, P. F. (1984). The new meaning of corporate social responsibility. *California Management Review, 26*(2), 53–63.

Du, S., Bhattacharya, C. B.,& Sen, S. (2010). Maximizing business returns to corporate social responsibility (CSR): The role of CSR communication. *International Journal of Management Reviews, 12*(1), 8–19.

Dubielzig, F., & Schaltegger, S. (2005). Corporate Citizenship. In M. Althaus, M. Geffken, & S. Rawe (Hrsg.), *Handlexikon Public Affairs* (S. 235–238). Münster: Lit.

Dyllick, T. (1989). *Management der Umweltbeziehungen – Öffentliche Auseinandersetzungen als Herausforderungen.* Wiesbaden: Gabler.

Eilbert, H., & Parket, I. R. (1973). The current status of corporate social responsibility. *Business Horizons, 16*(4), 5–14.

Elkington, J. (1994). Towards the sustainable corporation: Win-win-win business strategies for sustainable development. *California Management Review, 36*(2), 90–100.

EU-Kommission. (2001). *Grünbuch - Europäische Rahmenbedingungen für die soziale Verantwortung der Unternehmen*. Brüssel.

Europäische Kommission. (2008). *European Competitiveness Report 2008, Communication from the Commission COM (2008) 774 final and Commission staff working document SEC (2008) 2853*. Brüssel.

Fitch, H. G. (1976). Achieving corporate social responsibility. *Academy of Management Review, 1*(1), 38–46.

Frederick, W. C. (1978). From CSR1 to CSR2: The maturing of business-and-society thought *Business Society, 33*(2), 150–164.

Freeman, R. E. (1984). *Strategic management - A stakeholder approach*. Boston: Pitman.

Freiling, J., & Reckenfelderbäumer, M. (2004). *Markt und Unternehmung - Eine marktorientierte Einführung in die Betriebswirtschaftslehre*. Wiesbaden: Gabler.

Friedman, M. (13. Sept. 1970). The social responsibility of business is to increase its profits. *New York Times Magazine*, 122–126.

Garriga, E., & Melé, D. (2004). Corporate social responsibility theories: Mapping the territory, *Journal of Business Ethics, 53*(1), 51–71.

Gond, J.-P., & Herrbach, O. (2006). Social reporting as an organisational learning tool? A theoretical framework. *Journal of Business Ethics, 65*(4), 359–371.

Grant, R. M. (1999). The resource-based theory of competitive advantage: Implications for strategy formulation. In H. Z. Michael (Hrsg.), *Knowledge and strategy* (S. 3–23). Boston: Butterworth-Heinemann.

Habisch, A. (2006). Gesellschaftliches Engagement als Win-Win-Szenario. In K. Gazdar, A. Habisch, K. Kirchhoff, & S. Vaseghi (Hrsg.), *Erfolgsfaktor Verantwortung - Corporate Social Responsibility professionell managen* (S. 81–97). Heidelberg: Springer.

Handelman, J. M., & Arnold, S. J. (1999). The role of marketing actions with a social dimension: Appeals to the institutional environment. *Journal of Marketing, 63*(3), 33–48.

Hansen, U., & Schrader, U. (2005). Corporate Social Responsibility als aktuelles Thema der Betriebswirtschaftslehre. *Die Betriebswirtschaft, 65*(4), 373–395.

Hauff, V. (1987). *Unsere gemeinsame Zukunft - Der Brundtland-Bericht der Weltkommission für Umwelt und Entwicklung*. Greven: Eggenkamp.

Heugens, P., & Dentchev, N. (2007). Taming Trojan horses: Identifying and mitigating corporate social responsibility risks. *Journal of Business Ethics, 75*(2), 151–170.

Hoeffler, S., & Keller, K. L. (2002). Building brand equity through corporate societal marketing. *Journal of Public Policy & Marketing, 21*(1), 78–89.

Hungenberg, H. (2006). *Strategisches Management in Unternehmen - Ziele - Prozesse - Verfahren* (4. Aufl.). Wiebaden: Gabler.

Johnson, H. L. (1971). *Business in contemporary society: Framework and issues*. Belmont: Wadsworth.

Jones, G. R., & Bouncken, R. B. (2008). *Organisation - Theorie, Design und Wandel* (5. Aufl.). München: Pearson Studium.

Jonker, J., & Witte, M. (2006). Finally in business: Organising corporate social responsibility in five. In J. Jonker & M. Witte (Hrsg.), *Management models for corporate social responsibility* (S. 1–7). Springer.

Kaufmann, L., Ehrgott, M., & Reimann, F. (2008). Der Nutzen anständigen Wirtschaftens. *Harvard Business Manager*, (1), 6–12.

Kieser, A., & Walgenbach, P. (2007). *Organisation* (5. Aufl.). Stuttgart: Schäffer-Poeschel.

Kirstein, S. (2009). *Unternehmensreputation – Corporate Social Responsibility als strategische Option für deutsche Automobilhersteller*. Wiesbaden: Gabler.

Klein, S., & Theis, F. (2010). CSR als Bildungsaufgabe. In F. Theis & S. Klein (Hrsg.), *CSR-Bildung* (S. 11–19). Wiesbaden: VS Verlag.

Kotler, P., Keller, K. L., Brady, M., Goodman, M., & Hansen, T. (2009). *Marketing management*. Harlow: Pearson Prentice Hall.

Kowalsky, P., Blum, W., & Weber, T. (2011). Produkt- und Markendifferenzierung als Ausdruck einer Unternehmensphilosophie. In F. Völckner, C. Willers, & T. Weber (Hrsg.), *Markendifferenzierung* (S. 245–258). Wiesbaden: Gabler.

Kraft, K. L. (1991). The relative importance of social responsibility in determining organizational effectiveness: Managers from two service industries. *Journal of Business Ethics, 10*(7), 485–491.

Lantos, G. P. (2001). The boundaries of strategic corporate social responsibility. *Journal of Consumer Marketing, 18*(7), 595–630.

Levitt, T. (1958). The dangers of social responsibility. *Harvard Business Review, 36*(5), 41–50.

Löchte, J. (2011). Energie intelligent und damit nachhaltig nutzen. In *The global compact : Global compact Deutschland* (S. 108–109), Münster: Macondo.

Loew, T., Ankele, K., Braun, S., & Clausen, J. (2004). *Bedeutung der internationalen CSR-Diskussion für Nachhaltigkeit und sich daraus ergebenden Anforderungen an Unternehmen mit Fokus Berichterstattung* (Nr. 1). Münster: Institut für ökologische Wirtschaftsforschung.

Macharzina, K., & Wolf, J. (2005). *Unternehmensführung – Das internationale Managementwissen*. Wiesbaden: Gabler.

McGuire, J. W. (1963). *Business and society*. New York: McGraw-Hill.

McWilliams, A., Siegel, D. S., & Wright, P. M. (2006). Corporate social responsibility: Strategic implications. *Journal of Management Studies, 43*(1), 1–18.

Meffert, H., Burmann, C., & Kirchgeorg, M. (2008). *Marketing – Grundlagen der marktorientierten Unternehmensführung* (10. Aufl.), Wiesbaden: Gabler.

Meffert, H., & Münstermann, M. (2005). *Corporate Social Responsibility in Wissenschaft und Praxis – eine Bestandsaufnahme, Arbeitspapier* (Nr. 186). Münster: Wissenschaftlichen Gesellschaft für Marketing und Unternehmensführung.

Menon, S., & Kahn, B. E. (2003). Corporate sponsorships of philanthropic activities: When do they impact perception of sponsor brand?, *Journal of Consumer Psychology, 13*(3), 316–327.

Menon, A., & Menon, A. (1997). Enviropreneurial marketing strategy: The emergence of corporate environmentalism as market strategy. *Journal of Marketing, 61*(1), 51–67.

Meyer, J. W., & Rowan, B. (1977). Institutionalized organizations: Formal structure as myth and ceremony. *American Journal of Sociology, 83*(2), 340–363.

Mildenberger, U., Anshuman, K., & Thiede, C. (2008). Corporate Social Responsibility – Theoriekonzepte und Praxisansätze. In F. Himpel, B. Kaluza, & J. H. Wittmann (Hrsg.), *Spektrum des Produktions- und Innovationsmanagements – Komplexität und Dynamik im Kontext von Interdependenz und Kooperation* (S. 107–146), Wiesbaden: Gabler.

Mises, L. v. (1940). *Nationalökonomie – Theorie des Handelns und Wirtschaftens*. Genf: Genf Edition Union.

Münstermann, M. (2007). *Corporate Social Responsibility – Ausgestaltung und Steuerung von CSR-Aktivitäten*, Wiesbaden: Gabler.

Pedersen, E. R. (2006). Making corporate social responsibility (CSR) operable: How companies translate stakeholder dialogue into practice. *Business and Society Review, 111*(2), 137–163.

Picot, A., Dietl, H., & Franck, E. (2005). *Organisation – Eine ökonomische Perspektive* (4. Aufl.). Stuttgart: Schäffer-Poeschel.

Porter, M. E. (1998). *Competitive advantage – Creating and sustaining superior performance.* New York: The Free Press.

Porter, M. E., & Kramer, M. R. (2008a). The competitive advantage of corporate philanthropy. In M. E. Porter (Hrsg.), *On Competition* (S. 451–477). Boston: Harvard Business School Publishing Corporation.

Porter, M. E., & Kramer, M. R. (2008b). Strategy & society: The link between competitive advantage and corporate social responsibility. In M. E. Porter (Hrsg.), *On competition* (S. 479–503). Boston: Harvard Business School Publishing Corporation.

Porter, M. E., & Kramer, M. (2011). Creating shared value – how to reinvent capitalism – and unleash a wave of innovation and growth. *Harvard Business Review, 33*(1), 1–17.

Schaltegger, S., & Sturm, A. (2000). http://www2.leuphana.de/umanagement/csm/content/nama/downloads/download_publikationen/Schaltegger_Sturm_Oekologieorientierte_Entscheidungen.pdf.

Schierenbeck, H., & Wöhle, C. (2008). *Grundzüge der Betriebswirtschaftslehre* (17. Aufl.). München: Oldenbourg.

Schranz, M. (2007). *Wirtschaft zwischen Profit und Moral – Die gesellschaftliche Verantwortung von Unternehmen im Rahmen der öffentlichen Kommunikation.* Wiesbaden: VS Verlag.

Schwartz, M. S., & Carroll, A. B. (2003). Corporate social responsibility: A three-domain approach. *Business Ethics Quarterly, 13*(4), 503–530.

Schwerk, A. (2008). Strategisches gesellschaftliches Engagement und gute Corporate Governance. In H. Backhaus-Maul et al. (Hrsg.), *Corporate Citizenship in Deutschland – Bilanz und Perspektiven* (S. 158–166). VS Verlag für Sozialwissenschaften.

Scott, W. R. (1987). The adolescence of institutional theory. *Administrative Science Quarterly, 32*(4), 493–511.

Sen, S., Bhattacharya, C. B., & Korschun, D. (2006). The role of corporate social responsibility in strengthening multiple stakeholder relationships: A field experiment. *Journal of the Academy of Marketing Science, 34*(2), 158–166.

Sethi, S. P. (1975). Dimensions of corporate social performance: An analytical framework. *California Management Review, 17*(3), 58–64.

Ulrich, G. (2007). Können Unternehmen sozial verantwortungsvoll handeln?. In T. Beschorner, P. Linnebach, R. Pfriem, & G. Ulrich (Hrsg.), *Unternehmensverantwortung aus kulturalistischer Sicht* (S. 69–97). Marburg: Metropolis.

Vaaland, T. I., Heide, M., & Grønhaug, K. (2008). Corporate social responsibility: Investigating theory and research in the marketing context. *European Journal of Marketing, 42*(9/10), 927–953.

Vogler, A. (2011). Kontinuierliches Mitarbeiterengagement hilft Menschen in Not. In *The global compact : Global compact Deutschland* (S. 60–61). Münster: Macondo.

Wagner, T., Lutz, R. J., & Weitz, B. A. (2009). Corporate hypocrisy: Overcoming the threat of inconsistent corporate social responsibility perceptions. *Journal of Marketing, 73*(6), 77–91.

Walton, C. C. (1967). *Corporate social responsibilities.* Belmont: Wadsworth.

Westebbe, A., & Logan, D. (1995). *Corporate Citizenship – Unternehmen im gesellschaftlichen Dialog*. Wiesbaden: Gabler.

Wieland, J. (2003). Coporate Citizenship. In M. Behrent & J. Wieland (Hrsg.), *Corporate Citizenship und strategische Unternehmenskommunikation in der Praxis* (S. 13–20). München: Hampp.

Wolf, J. (2005). *Organisation, Management, Unternehmensführung – Theorie und Kritik* (2. Aufl.). Wiesbaden: Gabler.

World Business Council for Sustainable Development (WBCSD). (2000). *Corporate social responsibility: making good business sense*. London: WBCSD.